LE LIVRET

DU

PETIT FRANÇAIS

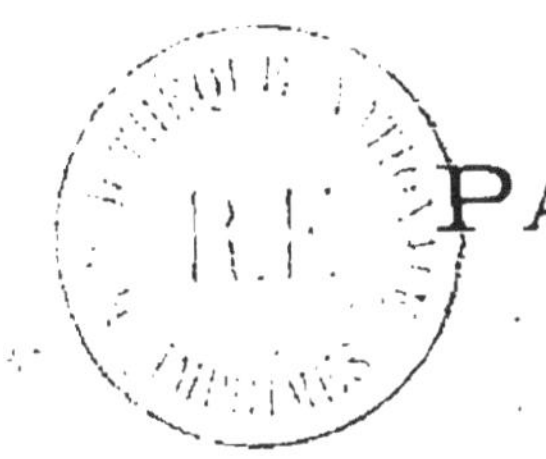

PAR GERBERT

« Pas de droits sans devoirs. »

OUVRAGE INSCRIT SUR LA LISTE DES LIVRES

FOURNIS GRATUITEMENT PAR LA VILLE DE PARIS

AUX ÉLÈVES DES ÉCOLES COMMUNALES

ET SUR LA LISTE DU DÉPARTEMENT DE LA SEINE

Prix : 45 centimes

PARIS

LIBRAIRIE DAVID

40, RUE SAINT-JACQUES, 40

1891

LE LIVRET

DU PETIT FRANÇAIS

LE LIVRET

DU

PETIT FRANÇAIS

Par GERBERT

« Pas de droits sans devoirs »

OUVRAGE INSCRIT SUR LA LISTE DES LIVRES

FOURNIS GRATUITEMENT PAR LA VILLE DE PARIS

AUX ÉLÈVES DES ÉCOLES COMMUNALES

ET SUR LA LISTE DU DÉPARTEMENT DE LA SEINE

PARIS

LIBRAIRIE DAVID

40, RUE SAINT-JACQUES, 40

1891

AVANT-PROPOS

En écrivant pour la jeunesse le *Livret du petit Français*, nous n'avons pas eu l'intention de remplacer les divers manuels d'instruction civique qui sont entre les mains des maîtres et des enfants des Écoles primaires.

Nous avons simplement tenté de résumer, d'une manière très simple et dans une forme qui n'est point nouvelle, les *droits* et les *devoirs* de tous les Français.

Les vérités morales, l'enseignement que

contient ce petit volume, sont à la portée de toutes les intelligences; ils sont le minimum des connaissances civiques indispensables à tous. Voilà pourquoi nous croyons faire œuvre bonne et patriotique en le publiant.

GERBERT.

LE LIVRET DU PETIT FRANÇAIS

« Pas de droits sans devoirs. »

PREMIÈRE PARTIE

PREMIÈRE LEÇON

— *Qu'est-ce que la Patrie ?*

— La Patrie, c'est le pays qui nous nourrit, où ont vécu nos ancêtres, où ils ont reçu et où nous recevons à notre tour les premières leçons, le pays dont nous parlons la langue et où sont rassemblés tous ceux que nous aimons.

— *Quelle est votre Patrie ?*

— La France.

— *Vous êtes donc Français ?*

— Oui, je suis Français de naissance et de cœur.

— *Que voulez-vous dire par ces mots : Français de naissance ?*

— Je veux dire que je suis né d'une famille française sur le sol français.

— *Qu'entendez-vous par ces mots : Français de cœur ?*

— J'entends par ces mots que j'aime la France de tout mon cœur.

— *Est-ce un devoir d'aimer sa patrie ?*

— C'est un devoir rigoureux et sacré. Ceux qui n'aiment pas leur patrie sont des traîtres.

*

DEUXIÈME LEÇON

—*Quels sont vos devoirs envers la France ?*
—Je dois servir la France avec abnégation.

— *Qu'entendez-vous par ces mots : avec abnégation ?*
— Je dois sacrifier à la France mes plus chères affections, si ce sacrifice est utile à la patrie. Je dois être toujours disposé à la défendre et à mourir pour elle, s'il le faut.

— Avez-vous d'autres devoirs envers votre Patrie ?

— Oui, je dois obéir avec respect aux lois du pays et perfectionner mon instruction afin de me rendre utile à mes concitoyens par mon savoir et mon travail.

— Le Français n'a-t-il pas d'autres devoirs encore ?

— Il doit contribuer, selon ses moyens, aux dépenses nécessaires de la Patrie, car la patrie le défend, le protège et le fait participer à sa gloire et aux bienfaits de la civilisation.

TROISIÈME LEÇON

— Vous avez des devoirs envers la France qui est la famille de tous les Français; mais n'avez-vous pas des devoirs envers votre famille?

— Oui, j'ai des devoirs envers mes parents. Je dois les aimer, les respecter, leur obéir, leur être reconnaissant de ce qu'ils font pour moi et les assister, s'ils tombent dans le besoin.

— *Pourquoi devez-vous aimer et respecter vos parents ?*

— Parce que je leur dois la vie, qu'ils m'aiment, qu'ils me nourrissent et qu'ils m'élèvent de façon à me rendre moi-même capable de gagner ma vie et d'élever une famille.

— *Comment devez-vous leur obéir ?*

— Je dois le faire promptement, sans murmure, sans arrière-pensée et toujours avec plaisir.

— *Quelle assistance devez-vous à vos père et mère ?*

— Je dois les aider, même petit, chaque fois que c'est en mon pouvoir ; je dois être affectueux avec eux en tout temps, mais surtout lorsqu'ils sont dans la peine ; enfin, quand je serai devenu grand et fort, je devrai soigner et adoucir leur vieillesse, de même qu'ils ont soigné et adouci mon enfance.

— *Si vous ne pratiquiez pas ces devoirs envers vos parents, qu'arriverait-il ?*

— J'aurais la conscience tourmentée, comme il arrive quand on a manqué à un devoir impérieux et j'aurais à craindre moi-même d'être traité plus tard par mes enfants comme j'aurais traité mes parents.

— *Cela est vrai. Mais n'auriez-vous pas à craindre encore un châtiment immédiat ?*

— Si, car la loi donne au père le droit de faire enfermer son enfant dans une maison de correction, lorsqu'il a commis une grave faute. Je dois ajouter aussi que la loi, si ma conscience ne m'en faisait un devoir, m'obligerait à donner la nourriture, les vêtements et le logement à mon père, à ma mère et à mes grands-parents, quand ils ne seront plus en âge de gagner leur vie.

QUATRIÈME LEÇON

— *Avez-vous seulement des devoirs envers votre père, votre mère et vos aïeux ?*

Non, j'ai encore des devoirs envers mes frères, mes sœurs et tous mes autres parents.

— *Quels sont vos devoirs envers vos frères et vos sœurs?*

Je dois les aimer, puisqu'ils sont nés des mêmes parents que moi-même, mais je dois aussi, si je suis leur aîné, les protéger, leur donner de bons exemples et, si c'est en mon pouvoir, aider à leur instruction.

— Quels sont vos devoirs envers les autres membres de votre famille ?

Je leur dois non-seulement le respect que l'on doit à toutes les personnes plus âgées que soi, mais encore de l'affection ; je dois éviter de leur causer de la peine et, s'il est possible, venir à leur aide. Je ne dois jamais oublier qu'ils sont de la même famille, c'est-à-dire du même sang que moi et que l'honneur de mon nom est l'honneur de leur nom.

CINQUIÈME LEÇON

— Puisque la France est comme la grande famille de tous les Français, n'avez-vous pas aussi des devoirs envers tous vos concitoyens ?

Je dois considérer mes concitoyens comme les enfants de la France et, par conséquent, ne leur nuire jamais et leur être utile toujours.

— Quelle est la maxime que vous devez mettre en pratique dans vos rapports avec les autres hommes ?

Elle peut se résumer en ces quelques mots : « Je ne dois pas faire aux autres ce que je ne voudrais pas qu'on me fît à moi-même. »

— Quels sont donc vos devoirs envers votre prochain?

Je ne dois les blesser, ni dans leur personne, ni dans leurs biens.

— Qu'entendez-vous quand vous dites que vous ne devez pas blesser les autres dans leur personne?

J'entends que je ne dois ni me porter à des violences envers eux, ni attenter à leur honneur par de mauvais propos, des injures ou des calomnies.

— Qu'entendez-vous quand vous dites que vous ne devez pas blesser votre prochain dans ses biens ?

Je ne dois prendre aux autres rien de ce qui leur appartient, je ne dois nuire à leurs intérêts ni par paroles, ni par actions, ni les empêcher de faire un gain légitime. Tout honnête homme doit, par conséquent, payer ses dettes et ne jamais retenir indûment ce qui appartient à autrui.

— A quoi s'expose l'homme qui porte atteinte à une personne, ou à son honneur, ou à ses biens?

L'homme qui frappe, blesse ou tue son prochain, celui qui l'injurie ou qui le diffame, celui qui le vole est puni sévèrement par les lois du pays. Il cause, par sa faute et son crime, un préjudice à la société tout entière et la société, en le punissant, le rejette de son sein. et le range parmi les hommes indignes de vivre avec les honnêtes gens.

— Celui qui fraude ou vole l'Etat, en essayant de se soustraire à un impôt ou à un droit à payer, nuit-il à son prochain?

Oui, le fraudeur nuit à son prochain, soit en obligeant ses concitoyens à payer la part d'impôts qui lui incombe, soit en les privant de l'augmentation de bien-être moral ou matériel qui serait résultée pour tous de l'emploi des sommes qu'il n'a pas payées ; c'est un voleur qui doit perdre la considération publique et qui encourt le châtiment par les lois.

SIXIÈME LEÇON

— L'enfant n'a-t-il pas des devoirs particuliers ?
L'enfant, outre ses devoirs envers sa famille et

son prochain en général, a des devoirs à remplir envers son maître et ses camarades.

— Quels sont les devoirs de l'enfant envers celui qui l'instruit ?

L'enfant doit à son maître le respect et l'obéissance.

— Pourquoi ?

Parce que le maître d'école qui l'instruit est chargé de faire de lui un honnête homme, utile à son pays et parce qu'il représente en classe, à la fois, la famille et la patrie.

— Quels sont les devoirs de l'enfant envers ses camarades ?

Il doit aimer ses camarades, être bon et complaisant pour eux, leur donner l'exemple du travail et de la docilité.

— Quel est le meilleur écolier ?

Celui qui obéit à son maître comme à ses parents et qui profite le mieux de ses leçons, celui qui est doux pour ses camarades, qui ne les jalouse pas, s'il est leur inférieur, et qui ne se moque pas d'eux, mais, au contraire, les encourage et les conseille, s'il est leur supérieur.

DEUXIÈME PARTIE

SEPTIÈME LEÇON

— Qu'est-ce que la France ?

La France, notre chère patrie, est un pays que la géographie nous apprend à connaître comme une belle contrée aux fertiles plaines, aux vertes collines, aux hautes montagnes, aux larges fleuves. C'est une nation agricole, industrielle et commerçante, où les lettres et les arts sont en grand honneur et que l'intelligence et le génie de ses habitants ont placée la tête des nations civilisées.

— Comment la France gardera-t-elle, malgré ses défaites et ses humiliations, cette place d'h neur à la tête des autres nations ?

Par le travail de tous ses enfants.

— Quel est donc le devoir de tous les Français ?

Tous les Français, quelle que soit leur situation, qu'ils soient agriculteurs, ouvriers, commerçants, employés ou artistes, doivent accomplir leur tâche avec zèle, avec ardeur. Chacun, par un labeur assidu, doit travailler, en même temps qu'à son propre bonheur et celui de sa famille, à la prospérité de la Patrie tout entière.

HUITIÈME LEÇON

— *Comment divise-t-on la France au point de vue administratif et politique?*

La France, autrefois divisée en provinces, se divise aujourd'hui en départements. Chaque département se divise en arrondissements, chaque arrondissement en cantons, chaque canton en communes.

— *Quel est le fonctionnaire qui est placé à la tête du département ?*

Le Préfet.

— *A la tête de l'arrondissement ?*

Le sous-préfet.

— *A la tête de chaque commune ?*

Le maire.

— *A côté de chacune de ces trois autorités, n'y a-t-il pas un conseil élu par les citoyens ?*

A côté du Préfet, il y a un conseil général élu par les citoyens de tout le département, à raison de un conseiller général par canton ; à côté du sous-préfet, il y a un conseil d'arrondissement élu par les électeurs de l'arrondissement ; à côté du maire, il y a un conseil municipal élu par les électeurs de la commune.

NEUVIÈME LEÇON

— *Quel est le gouvernement de la France ?*

La République.

— *Que signifie ce mot ?*

Il signifie que tous les citoyens Français participent au gouvernement du pays. L'État est l'ensemble de tous les citoyens qui administrent eux-mêmes les affaires générales qui sont d'un intérêt commun.

— Les citoyens administrent-ils eux-mêmes les affaires publiques ?

Non, ils délèguent, pour un certain nombre d'années, aux meilleurs de leurs concitoyens, leur droit de gouverner.

— Quels sont ces délégués choisis par les citoyens pour s'occuper des affaires générales ?

Ce sont les députés qui représentent l'arrondissement, les conseillers généraux qui représentent le canton, les conseillers municipaux qui représentent la commune.

— Quelle est la fonction des députés ?

Les députés discutent et votent les lois d'intérêt général, c'est-à-dire les lois qui intéressent tous les Français.

— Quelle est la fonction des conseillers généraux ?

— Les conseillers généraux s'occupent des affaires qui intéressent le département.

— Quelle est la fonction des conseillers municipaux ?

— Les conseillers municipaux s'occupent des affaires qui intéressent la commune.

DIXIÈME LEÇON

— *Qu'est-ce que la loi?*

— La loi est l'expression de la volonté générale.

— *Qu'entendez-vous par ces mots?*

— J'entends que la loi est une règle établie par les hommes choisis par la nation et à laquelle toute la nation doit se soumettre.

— *Tout le monde doit donc obéir aux lois?*

— Oui, tout le monde doit obéir aux lois.

— *Quels sont les hommes chargés de faire les lois?*

— Les membres du Sénat et de la Chambre des députés.

— *Tous les électeurs sont-ils chargés de nommer les membres du Sénat?*

— Non, l'élection au Sénat étant une élection au second degré, ce sont des élus du suffrage universel qui nomment directement les sénateurs.

— *Tous les électeurs sont-ils chargés de nommer les membres de la Chambre des députés ?*

— Oui, les députés sont nommés par le suffrage universel direct.

— *Quelles conditions faut-il remplir pour être électeur ?*

— Il faut être âgé de vingt et un ans, n'avoir pas subi de condamnation, ne pas être en service actif sous les drapeaux.

— *Les soldats ne sont donc pas électeurs ?*

— Non. Pendant la durée du service militaire, le droit électoral est suspendu ; l'armée n'a pas à concourir à la confection des lois ; elle n'a qu'un devoir : obéir rigoureusement aux lois.

ONZIÈME LEÇON

— *Les sénateurs et les députés sont chargés de faire les lois ; mais à qui est donnée la mission de faire exécuter ces lois ?*

Au Président de la République, qui est le chef du pouvoir exécutif, et aux ministres.

— *Par qui est nommé le Président de la République ?*

Le Président de la République est nommé

pour sept ans par le Sénat et la Chambre des députés réunis en Congrès.

— Par qui sont nommés les ministres?

Les ministres sont nommés par le Président de la République.

— Combien y a-t-il de ministres?

Il y en a habituellement dix ou onze; chacun d'eux est chargé de la direction d'un des grands services publics.

— Quels sont ces services publics?

Ce sont : la justice, les affaires étrangères, les finances et les postes et télégraphes, l'intérieur, la guerre, le commerce et les colonies, l'instruction publique et les beaux-arts, les travaux publics, l'agriculture.

— Quel est le rôle de chacun des ministres?

Chaque ministre s'occupe pour toute la France des affaires de son ministère.

— A qui transmet-il ses ordres et ses instructions?

Aux chefs des grands services administratifs de chaque région et particulièrement aux préfets des départements. Chaque fonctionnaire transmet ensuite les instructions ministérielles aux fonctionnaires placés directement sous ses ordres.

———

DOUZIÈME LEÇON

— Voulez-vous me dire, d'après ce que vous avez précédemment appris, comment sont organisés les pouvoirs publics?

Le pouvoir législatif, chargé de faire les lois pour tout le pays, se compose du Sénat et de la Chambre des députés. Le pouvoir exécutif, chargé de faire exécuter les lois, se compose du Président de la République et des ministres. Au-dessous des ministres, se trouve dans chaque département un agent du pouvoir central : le préfet. Au-dessous du préfet, sont les sous-préfets, à raison de un par arrondissement et enfin, dans chaque commune, il y a un maire.

— A côté du pouvoir chargé de faire les lois et du pouvoir chargé de veiller à leur exécution, n'y a-t-il pas encore un troisième pouvoir?

Oui, il y a encore le pouvoir judiciaire qui punit les infractions aux lois.

TREIZIÈME LEÇON

— *Par qui le pouvoir judiciaire est-il exercé?*

Par des hommes, nommés juges, qui ne peuvent être appelés à remplir ces fonctions qu'après avoir fait une étude approfondie des lois.

— *Où siègent les juges ?*

Dans les tribunaux.

— *Y a-t-il plusieurs catégories de tribunaux?*

Oui. On distingue les tribunaux civils et de commerce, les tribunaux criminels et les tribunaux administratifs.

— *Ces noms résultent sans doute ae la nature des affaires jugées par ces différents tribunaux ?*

En effet, ceux qui jugent les affaires civiles sont dits tribunaux civils; ceux qui jugent les affaires criminelles, tribunaux criminels; ceux qui jugent les affaires commerciales, tribunaux de commerce, etc.

— *Ne fait-on pas d'autres distinctions entre les divers tribunaux ?*

On les divise en deux grandes catégories:

1° Les tribunaux ordinaires, comprenant les

tribunaux de l'arrondissement ou de 1re instance et les Cours d'appel.

2e Les tribunaux extraordinaires, comprenant les tribunaux de simple police, les tribunaux de commerce, les tribunaux administratifs, etc.

QUATORZIÈME LEÇON

N'a-t-on pas établi une hiérarchie entre les tribunaux? Les uns n'ont-ils pas plus d'autorité que les autres ?

En outre des distinctions que nous venons d'établir entre les tribunaux, il en existe une troisième qui résulte de l'étendue de leurs pouvoirs, dont la loi fixe les limites.

— Comment cette hiérarchie est-elle établie dans les tribunaux civils et criminels ?

Le tribunal de simple police ou justice de paix occupe le dernier rang.

— Cela veut-il dire qu'il est moins respectable que les autres ?

Non, mais seulement que sa compétence est moins étendue.

— A quelles affaires sa compétence est-elle limitée ?

1° Aux affaires civiles d'un intérêt modique ; il les juge en dernier ressort quand il s'agit d'une valeur de 100 fr. et à charge d'appel jusqu'à une valeur de 200 fr.

2° En matière d'infraction à la loi, il juge les contraventions, c'est-à-dire les faits qui comportent des peines légères : une amende de 15 fr. et au-dessous, ou un emprisonnement de 1 à 5 jours.

QUINZIÈME LEÇON

— Qu'entendez-vous par faire appel d'un jugement ?

Cela veut dire que le jugement peut être soumis à un tribunal supérieur qui le confirme ou, au contraire, déclare qu'il y a lieu d'examiner de nouveau l'affaire.

— A quel tribunal peut-on faire appel des jugements du tribunal de paix et de simple police ?

Au tribunal de 1re instance, appelé aussi tribunal de police correctionnelle.

—Pourquoi le magistrat qui juge les contraventions s'appelle-t-il juge de paix ?

Parce qu'en matière civile, son rôle consiste souvent à concilier les parties, à éviter la continuation d'une action judiciaire, en un mot à rétablir la paix entre les adversaires.

— Où siègent les tribunaux de paix ou de simple police?

Il y en a un dans chaque chef-lieu de canton.

— Où siègent les tribunaux de première instance ou de police correctionnelle?

Dans les chefs-lieux d'arrondissement.

SEIZIÈME LEÇON

— Où siègent les Cours d'appel?

Généralement dans un chef-lieu de département.

— Y-a-t-il une Cour d'appel dans chaque département ?

Non; il n'y en a que 27 pour toute la France,

y compris celles d'Alger et de Bastia. Cette dernière exceptée, toutes desservent plusieurs départements.

— Qu'est-ce que la Cour d'assises ?

C'est un tribunal qui siège pendant plusieurs jours, chaque trimestre, dans tous les chefs-lieux de département.

— Comment est-il composé ?

Il est composé de juges faisant partie de la Cour d'appel du ressort, et du jury.

— Qu'est-ce que le jury ?

C'est une commission de 12 citoyens, désignés par le sort, et qui a pour mission de se prononcer sur la culpabilité de l'accusé traduit devant les assises.

— Le jury applique-t-il des peines ?

Non, le jury n'a qu'un rôle : dire si oui ou non l'accusé lui semble coupable et doit être puni. Ce sont les magistrats qui prononcent la peine, par application de la loi.

— De quelle autorité supérieure relèvent tous les tribunaux ?

Du Ministre de la Justice, qui est le chef supérieur de la magistrature.

DIX-SEPTIÈME LEÇON

— Qu'est-ce que l'armée française ?

C'est la réunion de tous les Français qui sont en âge et en état de porter les armes pour la défense de la patrie.

— Tous les citoyens sont-ils appelés sous les drapeaux ?

Oui, à moins qu'ils ne soient atteints d'infirmités qui les mettent dans l'impossibilité d'être soldats ou qu'ils ne soient indignes de le devenir par suite des condamnations que leur mauvaise conduite leur a values.

— C'est donc un honneur de servir sa patrie en qualité de soldat ?

C'est un grand honneur en même temps qu'un devoir sacré.

— A quel âge devient-on soldat?

Lorsque l'on a vingt ans révolus.

— Combien de temps dure le service militaire pour ceux qui sont aptes à l'accomplir ?

Vingt-cinq ans, se décomposant comme il suit:

3 ans dans l'armée active ;

7 ans dans la réserve de l'armée active ;

6 ans dans l'armée territoriale ;

9 ans dans la réserve de l'armée territoriale.

— *Tous les Français font-ils 3 ans de service actif ?*

Non ; ceux qui ont tiré un bon numéro, ceux qui sont soutiens de famille, ceux qui se destinent à l'enseignement et aux carrières libérales peuvent ne faire qu'un an dans l'armée active.

DIX-HUITIÈME LEÇON

— *Qu'entendez-vous par l'armée active ?*

C'est l'ensemble des soldats qui n'ont pas encore 10 ans de service. Elle se divise en 2 grandes sections : l'armée active proprement dite et la réserve.

— *Comment l'armée active proprement dite est-elle composée ?*

Elle est composée des hommes qui, soit parce qu'ils en font leur carrière, soit qu'ils y sont tenus pour obéir à la loi, ont abandonné tout

autre état que l'état militaire et restent en perma
nence sous les drapeaux.

— Et la réserve ?

La réserve, destinée à renforcer l'armée active
en cas de guerre, est formée des hommes qui,
ayant accompli le temps d'activité fixé par la loi,
sont rentrés dans leurs foyers, mais restent à la
disposition du ministre de la guerre qui peut, si
les circonstances l'exigent, leur faire rejoindre
leur régiment.

*— Les hommes de la réserve ne sont-ils rappelés à
leurs corps qu'en cas de guerre ?*

Même en temps de paix, les réservistes, afin de
ne pas oublier le maniement des armes et les
manœuvres qu'ils ont apprises, sont obligés d'accomplir, pendant le temps qu'ils passent dans la
réserve, deux périodes d'exercices de quatre
semaines chacune.

*En est-il ainsi pour les hommes de l'armée terri-
toriale?*

Les hommes de l'armée territoriale ne sont
astreints qu'à faire une seule période d'exercices
d'une durée de deux semaines.

— De quelle manière les réservistes et les hommes de

l'armée territoriale sont-ils prévenus qu'ils doivent rejoindre le corps auquel ils appartiennent ?

Par voie d'affiches. Dès que l'ordre de départ qui les concerne est affiché, ils doivent prendre leurs dispositions pour se rendre à leur régiment à la date qui leur est fixée. Leur livret contient toutes les indications nécessaires.

— Qu'arrive-t-il à ceux qui n'obéissent pas à cet ordre ?

Ils sont mis en prison et cela est juste, car il n'y a pas de devoir qui doive être plus rigoureusement accompli que le devoir militaire.

— Il y a pourtant des hommes qui, pendant les périodes d'exercices, laissent sans soutien leur famille qu'ils font vivre de leur travail en temps ordinaire?

Ceux-là peuvent partir sans crainte. Bien que cela ne soit pas obligatoire, les pouvoirs publics viennent au secours de leurs mères, de leurs femmes ou de leurs enfants, en leur allouant des indemnités destinées à remplacer le gain de l'absent.

DIX-NEUVIÈME LEÇON

— N'y a-t-il pas des jeunes gens qui essayent de se soustraire au service militaire, en se mutilant ou en simulant des infirmités?

Si; bien qu'en France le cas soit peu fréquent, il se présente quelquefois. Mais on finit toujours par découvrir les fraudes et ceux qui s'en sont rendus coupables sont punis sévèrement; ils font en outre le service militaire auquel ils espéraient se soustraire.

— Comment appréciez-vous l'action des jeunes gens qui agissent ainsi?

— Ce sont des lâches et de mauvais citoyens.

VINGTIÈME LEÇON

— L'armée de mer est-elle composée comme l'armée de terre?

— Le mode de recrutement de l'armée de mer

diffère de celui qui sert à former l'armée de terre.

— *Indiquez-moi cette différence ?*

— L'armée de terre comprend des engagés et des conscrits de n'importe quelle partie du territoire et de n'importe quelle profession.

L'armée de mer, qui comprend aussi des engagés et des conscrits non marins, se compose, pour la plus forte part, de gens qui ont pour métier la navigation, ou la pêche maritime, et qui sont inscrits sur des listes spéciales par les soins des autorités de leurs départements. C'est ce qu'on appelle l'inscription maritime.

— *Quel est le but de cette mesure ?*

— D'assurer à l'État le concours de gens déjà rompus aux fatigues et aux dangers du métier de marin et qui, en outre, sont, lorsqu'ils arrivent à son service, habitués aux manœuvres de la navigation.

VINGT ET UNIÈME LEÇON

— *Quels sont les principaux grades dans l'armée de terre ?*

— Ce sont ceux de général de division, de général de brigade, de colonel, de lieutenant-colonel, de chef de bataillon et de capitaine.

— *Et dans l'armée de mer ?*

— Ceux d'amiral, de vice-amiral, de contre-amiral, de capitaine de vaisseau et de capitaine de frégate.

— *L'armée ne comprend-elle pas d'autres éléments que les corps de troupe ou les équipages ?*

— Elle comprend encore, pour l'armée de mer aussi bien que pour l'armée de terre, le service de santé, le service de l'administration et des subsistances.

— *Quel est le chef suprême de l'armée de terre ?*

— Le Ministre de la guerre.

— *De l'armée de mer ?*

— Le Ministre de la marine.

VINGT-DEUXIÈME LEÇON

— Qu'est-ce que l'impôt ?

On entend par impôt la somme que doit payer chaque habitant pour subvenir aux dépenses faites par le pouvoir dans l'intérêt de tout le monde.

— Quel nom porte encore l'impôt ?

L'impôt se nomme *contribution*, parce que chaque personne qui le paye *contribue* aux dépenses faites par la commune, par le département et par l'Etat.

— Combien y a-t-il de sortes de contributions ?

Deux sortes : les contributions directes et les contributions indirectes.

— Qu'entend-on par contribution directe ou impôt direct ?

L'impôt direct est celui que chaque habitant paye *directement* au percepteur, proportionnelle-ment à sa fortune.

— Qu'entend-on par impôt indirect ?

L'impôt indirect est celui que l'on ne paye pas directement au receveur ou au percepteur ; on le paie, d'une façon *indirecte*, chaque fois que l'on achète ou que l'on consomme un objet frappé de cet impôt.

— *Pouvez-vous me donner un exemple d'impôt indirect ?*

La perception d'un droit à l'octroi est un impôt indirect, parce que la marchandise frappée d'un droit à l'entrée d'une ville sera augmentée au marché de la valeur du droit et que l'acheteur paiera ainsi *indirectement* le droit d'octroi.

— *Quels sont les impôts directs ?*

L'impôt foncier, c'est-à-dire l'impôt sur la terre, sur les propriétés, l'impôt des portes et fenêtres, l'impôt personnel et mobilier, l'impôt des patentes, c'est-à-dire la contribution payée par un commerçant pour avoir le droit de vendre une marchandise.

— *Le gouvernement a-t-il le droit d'augmenter les impôts à son gré ?*

Sous le gouvernement républicain, les députés et les sénateurs nommés par tous les électeurs sont chargés d'établir l'impôt ; le peuple, qui nomme ses représentants, établit donc lui-même, d'une façon indirecte, le chiffre de chaque contribution. Les députés et les sénateurs, qui représentent tous les Français, fixent d'abord le chiffre de la dépense nécessaire pour la bonne administration de tout le pays, et votent, lorsque ce chiffre est connu, la somme de recettes à effectuer par l'impôt pour couvrir la dépense.

VINGT-TROISIÈME LEÇON

— *Quels sont les devoirs généraux du citoyen d'un pays républicain ?*

S'occuper, sans jamais négliger ses travaux, des affaires publiques, pratiquer envers les autres citoyens la tolérance et la solidarité.

— *Un citoyen ne doit donc pas être indifférent à la politique ?*

Celui qui ne remplit pas ses devoirs de citoyen, qui ne cherche pas à s'éclairer sur les affaires publiques, qui, par insouciance, ne vote pas, ne mérite pas le titre d'homme libre.

— *En quoi consiste la tolérance ?*

La tolérance consiste à respecter les croyances et les opinions d'autrui, ou si on les juge mauvaises ou nuisibles, à s'efforcer de les changer par

les seules voies de la douceur, de la persuasion
et du raisonnement.

— *En quoi consiste la solidarité ?*

La solidarité consiste à considérer les autres
comme des frères, à les aider de toutes les façons
sans cependant froisser leur dignité d'êtres
libres et égaux aux autres hommes. Les malheu-
reux ont autant besoin des secours intellectuels
et moraux que des secours matériels.

— *Quel est le fondement de la morale civique ?*

L'amour du prochain et le respect des droits
d'autrui.

VINGT-QUATRIÈME LEÇON

DÉCLARATION DES DROITS DE L'HOMME ET DU CITOYEN

Les hommes naissent et demeurent libres et égaux en droits.

*
* *

Le but de toute association politique est la conservation des droits naturels et imprescriptibles de l'homme. Ces droits sont la liberté, la propriété, la sûreté et la résistance à l'oppression.

*
* *

Le principe de toute souveraineté réside dans la nation.

*
* *

La liberté consiste à pouvoir faire tout ce qui ne nuit pas à autrui.

Nous croyons utile de reproduire ici quelques-uns des articles principaux de la *Déclaration*. MM. les Instituteurs sauront donner à leurs élèves les développements qu'appelle chacun d'eux.

*
* *

La loi n'a le droit de défendre que les actions nuisibles à la société.

*
* *

La loi est l'expression de la volonté générale. Tous les citoyens ont droit de concourir personnellement, ou par leurs représentants, à sa formation.

*
* *

La loi doit être la même pour tous, soit qu'elle protège, soit qu'elle punisse.

*
* *

Nul homme ne peut être accusé, arrêté, ni détenu, que dans les cas déterminés par la loi. Mais tout citoyen, appelé ou saisi en vertu de la loi, doit obéir à l'instant, il se rend coupable par la résistance.

*
* *

Nul ne doit être inquiété pour ses opinions, même religieuses, pourvu que leur manifestation ne trouble pas l'ordre établi par la loi.

*
* *

La force publique est instituée pour l'avantage de tous et non l'utilité particulière de ceux à qui elle se confie.

*
* *

Pour l'entretien de la force publique et pour les dépenses d'administration, une contribution commune est indispensable ; elle doit être également répartie entre tous les citoyens, en raison de leurs facultés.

*
* *

Toute société dans laquelle la garantie des droits n'est pas assurée, ni la séparation des pouvoirs déterminée, n'a point de constitution.

IMP. NOIZETTE, 8, RUE CAMPAGNE-PREMIÈRE, PARIS

PARIS

IMPRIMERIE DE LA SOCIÉTÉ DE TYPOGRAPHIE PAR PROCÉDÉS RAPIDES

Noizette, directeur

8 rue Campagne-Première, 8

www.ingramcontent.com/pod-product-compliance
Ingram Content Group UK Ltd.
Pitfield, Milton Keynes, MK11 3LW, UK
UKHW021126140726
13695UKWH00004B/1883